# 12月



29日（日）

30日（月）

31日（火）

1日（水）

2日（木）

3日（金）

4日（土）

# 1月



## 5日（日）

## 6日（月）

## 7日（火）

## 8日（水）

## 9日（木）

## 10日（金）

## 11日（土）

# 1月



12日（日）

13日（月）

14日（火）

15日（水）

16日（木）

17日（金）

18日（土）

# 1月





19日（日）

20日（月）

21日（火）

22日（水）

23日（木）

24日（金）

25日（土）

# 1月



26日（日）

27日（月）

28日（火）

29日（水）

30日（木）

31日（金）

1日（土）

# 2月



2日（日）

3日（月）

4日（火）

5日（水）

6日（木）

7日（金）

8日（土）

# 2月



9日（日）

10日（月）

11日（火）

12日（水）

13日（木）

14日（金）

15日（土）

# 2月



16日（日）

17日（月）

18日（火）

19日（水）

20日（木）

21日（金）

22日（土）

# 2月



23日（日）

24日（月）

25日（火）

26日（水）

27日（木）

28日（金）

29日（土）

# 3月



1日（日）

2日（月）

3日（火）

4日（水）

5日（木）

6日（金）

7日（土）

# 3月



8日（日）

9日（月）

10日（火）

11日（水）

12日（木）

13日（金）

14日（土）

# 3月



15日（日）

16日（月）

17日（火）

18日（水）

19日（木）

20日（金）

21日（土）

# 3月



22日（日）

23日（月）

24日（火）

25日（水）

26日（木）

27日（金）

28日（土）

# 3月



29日（日）

30日（月）

31日（火）

1日（水）

2日（木）

3日（金）

4日（土）

# 4月



5日（日）

6日（月）

7日（火）

8日（水）

9日（木）

10日（金）

11日（土）

# 4月



12日（日）

13日（月）

14日（火）

15日（水）

16日（木）

17日（金）

18日（土）

# 4月



19日（日）

---

20日（月）

---

21日（火）

---

22日（水）

---

23日（木）

---

24日（金）

---

25日（土）

---

# 4月




26日（日）

27日（月）

28日（火）

29日（水）

30日（木）

1日（金）

2日（土）

# 5月



3日（日）

---

4日（月）

---

5日（火）

---

6日（水）

---

7日（木）

---

8日（金）

---

9日（土）

---

# 5月



**10日（日）**

**11日（月）**

**12日（火）**

**13日（水）**

**14日（木）**

**15日（金）**

**16日（土）**

# 5月



17日（日）

18日（月）

19日（火）

20日（水）

21日（木）

22日（金）

23日（土）

# 5月



## 24日（日）

## 25日（月）

## 26日（火）

## 27日（水）

## 28日（木）

## 29日（金）

## 30日（土）

# 5月



31日（日）

1日（月）

2日（火）

3日（水）

4日（木）

5日（金）

6日（土）

# 6月





7日（日）

8日（月）

9日（火）

10日（水）

11日（木）

12日（金）

13日（土）

# 6月



14日（日）

15日（月）

16日（火）

17日（水）

18日（木）

19日（金）

20日（土）

# 6月



21日（日）

22日（月）

23日（火）

24日（水）

25日（木）

26日（金）

27日（土）

# 6月



28日（日）

29日（月）

30日（火）

1日（水）

2日（木）

3日（金）

4日（土）

# 7月



5日（日）

6日（月）

7日（火）

8日（水）

9日（木）

10日（金）

11日（土）

# 7月



12日（日）

---

13日（月）

---

14日（火）

---

15日（水）

---

16日（木）

---

17日（金）

---

18日（土）

---

# 7月



19日（日）

20日（月）

21日（火）

22日（水）

23日（木）

24日（金）

25日（土）

# 7月



26日（日）

27日（月）

28日（火）

29日（水）

30日（木）

31日（金）

1日（土）

# 8月



2日（日）

3日（月）

4日（火）

5日（水）

6日（木）

7日（金）

8日（土）

# 8月



9日（日）

10日（月）

11日（火）

12日（水）

13日（木）

14日（金）

15日（土）

# 8月





16日（日）

17日（月）

18日（火）

19日（水）

20日（木）

21日（金）

22日（土）

# 8月



23日（日）

24日（月）

25日（火）

26日（水）

27日（木）

28日（金）

29日（土）

# 8月





30日（日）

31日（月）

1日（火）

2日（水）

3日（木）

4日（金）

5日（土）

# 9月



6日（日）

7日（月）

8日（火）

9日（水）

10日（木）

11日（金）

12日（土）

# 9月



13日（日）

---

14日（月）

---

15日（火）

---

16日（水）

---

17日（木）

---

18日（金）

---

19日（土）

---

# 9月



20日（日）

---

21日（月）

---

22日（火）

---

23日（水）

---

24日（木）

---

25日（金）

---

26日（土）

---

# 9月




27日（日）

28日（月）

29日（火）

30日（水）

1日（木）

2日（金）

3日（土）

# 10月



4日（日）

5日（月）

6日（火）

7日（水）

8日（木）

9日（金）

10日（土）

# 10月



11日（日）

---

12日（月）

---

13日（火）

---

14日（水）

---

15日（木）

---

16日（金）

---

17日（土）

---

# 10月



18日（日）

19日（月）

20日（火）

21日（水）

22日（木）

23日（金）

24日（土）

# 10月



25日（日）

26日（月）

27日（火）

28日（水）

29日（木）

30日（金）

31日（土）

# 11月



1日（日）

2日（月）

3日（火）

4日（水）

5日（木）

6日（金）

7日（土）

# 11月



8日（日）

9日（月）

10日（火）

11日（水）

12日（木）

13日（金）

14日（土）

# 11月





15日（日）

16日（月）

17日（火）

18日（水）

19日（木）

20日（金）

21日（土）

# 11月



22日（日）

23日（月）

24日（火）

25日（水）

26日（木）

27日（金）

28日（土）

# 11月



29日（日）

30日（月）

1日（火）

2日（水）

3日（木）

4日（金）

5日（土）

# 12月



6日（日）

7日（月）

8日（火）

9日（水）

10日（木）

11日（金）

12日（土）

# 12月



13日（日）

14日（月）

15日（火）

16日（水）

17日（木）

18日（金）

19日（土）

# 12月



20日（日）

21日（月）

22日（火）

23日（水）

24日（木）

25日（金）

26日（土）

# 12月



27日（日）

28日（月）

29日（火）

30日（水）

31日（木）

1日（金）

2日（土）